AF602965

Preuve

CONSEIL D'ÉTAT.

DISCUSSION
DU PROJET
DE CODE CIVIL.

N.° 6.

SÉANCE du 26 Thermidor, an 9 de la République.

LE PREMIER CONSUL préside la séance.

Le C. TRONCHET présente des observations sur l'article XXII adopté dans la dernière séance.

Il dit qu'ayant réfléchi sur la complication dont a parlé le C. *Regnaud* (de Saint-Jean-d'Angely), il a remarqué que la question du mariage des déportés se divise en une infinité de branches qu'il importe de toutes saisir. Le C. *Tronchet* n'en conclut pas néanmoins qu'il soit nécessaire de rédiger un Code de déportation avant de prononcer sur toutes ces questions, mais seulement que la rédaction qu'on a adoptée n'est pas assez claire, et qu'il faut la remplacer par plusieurs articles. Il s'explique sur les diverses branches de la question.

L'individu déporté qui contracte mariage, dit-il,

Ou n'était point marié,

Ou était marié avant, et épouse, de nouveau, l'individu auquel il était uni.

Dans le premier et le troisième cas,

Ou il épouse un individu déporté comme lui,

Ou il épouse un individu qui jouit de la plénitude des droits civils.

Ici question préliminaire: Cela sera-t-il permis au déporté ?

Dans toutes les hypothèses, il s'agit d'examiner quels sont les effets civils que le mariage légitime (puisque la loi l'autorise) produira;

A

Et cette question doit être envisagée sous deux points de vue différens,

1.° Relativement aux deux époux entre eux;

2.° Relativement aux enfans; et ici la question a encore deux branches:

1.° Relativement aux enfans nés des mariages contractés depuis la déportation;

2.° Relativement aux enfans nés du mariage antérieur qui est dissous.

Le C. *Tronchet* examine la première question.

Dire que le mariage en question produit des effets civils dans le lieu de la déportation, et sur les biens qui y sont situés, c'est présenter une idée qui n'est pas exacte.

Dire simplement qu'il produit entre eux tous les effets civils d'un mariage légitime, c'est s'expliquer très-exactement; mais il faut bien entendre tout le sens et toute l'étendue de ce principe.

La première proposition ne serait point exacte; en voici la preuve.

Le mariage produit entre les deux époux, 1.° des droits, des devoirs et des effets personnels; 2.° des droits réciproques sur leurs biens.

Les droits, les devoirs et les effets personnels sont connus de tout le monde:

Demeure et cohabitation communes;

Puissance collatérale;

Incapacité de la femme d'ester en jugement, de contracter sans l'autorisation du mari.

Tous ces effets civils étant personnels, étant attachés à l'état général de la personne, sont indivisibles, suivent la personne par-tout.

Comparaison parfaite entre l'état du déporté marié avec un autre individu également déporté, et celui de deux étrangers; entre l'état d'un déporté marié avec un individu non déporté, et celui d'un étranger qui a épousé une Française: avec cette différence seulement, que, dans le second cas, la Française perd ses droits civils en France tant que le mariage subsiste, au lieu que l'individu non déporté les conserve en France. Mais cette différence ne fait rien à la question. La femme française se soumettant à la loi civile du pays où elle a consenti de contracter mariage, porte cet état en quelque lieu qu'elle se transporte: de même la femme qui a épousé un déporté, demeure soumise à la loi civile française qui autorise son mariage; le mari non déporté qui épouse une femme déportée, acquiert sur elle tous les droits civils que donne le mariage. Cet état personnel est indivisible et se porte par-tout. La femme est obligée de demeurer avec son mari; le mari est obligé de la recevoir et de la traiter maritalement; les actes faits par la femme sans son autorisation sont nuls.

Donc, 1.° il ne serait point exact de dire qu'un pareil mariage ne produit les effets civils que dans le lieu de la déportation;

2.° Il ne serait pas plus exact de dire, quant aux droits respectifs des deux époux, qu'il ne produit des effets civils que sur les biens situés dans le lieu de la déportation.

Les droits réciproques des deux époux sur leurs biens respectifs, sont fixés, ou par la convention qu'ils ont souscrite dans leur contrat de mariage, ou, à défaut de convention, par la loi.

S'ils sont fixés par leur contrat de mariage, l'effet en est universel et indivisible, il s'étend sur tous les biens quelconques que les époux possèdent, parce que l'effet de toute convention est d'obliger la personne par-tout et sur tous ses biens, en quelque lieu qu'ils soient situés.

C'est ainsi, pour suivre toujours la même comparaison déja faite, que l'étrangère qui vient épouser un Français pour fixer avec lui son domicile en France, et qui lui donne un droit sur ses biens, soit de copropriété à titre de communauté, soit de simple jouissance, oblige, par cette convention, non-seulement les biens qu'elle a en France, mais encore ceux qu'elle a en pays étranger.

De même, l'individu qui épousera un autre individu déporté, et qui lui donnera un droit de communauté ou un droit de jouissance sur ses biens, y affectera les biens qu'il aura ou qui lui écherront en France.

Il en sera de même si les parties n'ont point réglé leurs droits par une convention et par un contrat de mariage. Il est de principe alors que c'est la loi du lieu où les parties fixent leur domicile matrimonial, qui règle leurs droits respectifs: mais il est aussi de principe, en ce cas, que ces droits sont universels et s'étendent sur tous les biens, quelque part qu'ils soient situés. La raison en est que la loi ne fixe les droits des parties que par l'effet d'une convention tacite présumée. Elles sont censées dès-lors qu'elles ne se sont point donné une loi particulière, avoir adopté les réglemens établis par la loi, et avoir voulu que les effets attachés au mariage par la loi eussent lieu entre elles comme s'ils avaient été stipulés expressément entre eux dans leur contrat de mariage. De là ce principe établi par *Dumoulin*, et inutilement contesté par son antagoniste *d'Argentré*, que le statut de la communauté est un statut personnel, ou pour m'expliquer plus exactement, qu'il a le même effet qu'un statut conventionnel, et que cet effet universel s'applique à tous les biens, quelque part qu'ils soient situés.

Il ne serait donc pas plus exact de dire que le mariage dont il s'agit n'a d'effets civils que quant aux biens situés dans le lieu de la déportation, qu'il ne l'était de dire qu'il n'aura d'effet que dans ce lieu à l'égard des droits et devoirs personnels des deux époux.

Avoir prouvé que la première expression ne serait pas exacte en ce qui concerne les droits des deux époux, c'est avoir prouvé que la seconde expression serait la seule exacte; c'est-à-dire qu'il faudrait adopter, au moins en ce qui concerne les deux époux, cette rédaction : *Ce mariage produit tous les effets civils que la loi attache au mariage légitime.*

Mais ce qui vient d'être dit indique en même temps quelle serait l'étendue de ce principe; et c'est au Conseil à décider si, dans les vues politiques qui ont conduit à établir cet état mixte et extraordinaire du déporté, il entre de donner à son mariage un effet aussi étendu.

Le C. *Tronchet* ajoute, en finissant le premier point de sa discussion, que ce même effet aurait lieu, quoiqu'avec moins d'étendue, à l'égard du mariage contracté entre deux individus déportés : ceux-ci, à la vérité, ne peuvent plus acquérir en France à titre de succession, à titre de donations ni de legs; mais ils peuvent, comme tous les morts civilement, acquérir par les actes qui ne sont que de droit naturel, tels que la vente, l'échange, le prêt, &c. Il est encore vrai qu'ils ne peuvent transmettre leurs biens à leurs parens à titre successif, et que la nation leur succède à titre de déshérence; mais ce titre obligeant la nation d'acquitter les créances que le mort civilement a légitimement contractées en vertu du droit naturel, elle serait obligée d'exécuter, à bien plus forte raison, les conventions matrimoniales.

L'opinant passe ensuite à la seconde question, c'est-à-dire, à l'effet du mariage du déporté relativement aux enfans.

Cette question, comme il l'a déjà observé, a deux branches :

1.° Relativement aux enfans nés du mariage contracté depuis la déportation;

2.° Relativement aux enfans nés du mariage antérieur qui a été dissous.

Le premier point de vue se subdivise encore en deux.

La question doit être examinée,

1.° Relativement aux enfans nés d'un mariage contracté entre deux déportés;

2.° Relativement aux enfans nés d'un mariage contracté entre un déporté et un individu jouissant de tous les droits civils.

Le mariage légitime produit, à l'egard des enfans qui en sont nés, trois effets principaux :

Il donne à leurs auteurs une autorité légale jusqu'à la majorité;

Il donne aux enfans la légitimité;

Enfin il leur donne le droit de famille, ce lien de parenté d'où résulte la successibilité réciproque entre eux et les parens de la même famille.

Les deux premiers effets ne peuvent souffrir aucune difficulté, soit qu'il s'agisse d'un mariage contracté entre deux déportés, ou d'un mariage contracté entre un déporté et un individu jouissant de tous ses droits civils.

L'autorité du père ou de la mère aura lieu dès-lors que le mariage est légal; comme elle appartient à l'état personnel de l'enfant, elle le suivra par-tout.

L'enfant est légitime par cela seul qu'il est né sous le voile du mariage, et il porte cette légitimité par-tout.

La difficulté ne peut porter que sur le droit de famille, d'où seul peut dériver le droit de successibilité.

Point de difficulté lorsque le mariage a été contracté entre deux déportés : le père et la mère sont rejetés du corps social en général; ils sont transportés dans un petit coin du territoire français; et la loi qui leur y donne les droits civils, leur donne véritablement une existence nouvelle, leur confère une nouvelle vie civile dont les effets sont restreints au lieu de leur déportation : par-tout ailleurs ils sont morts civilement; ils n'ont aucun des droits qui résultent de la vie civile; tous les liens de famille sont rompus à leur égard dans tout le surplus de la France.

Ils ne peuvent, ni l'un ni l'autre, transmettre à leurs enfans plus de droits qu'ils n'en ont; ils ne peuvent donc former qu'une nouvelle famille étrangère à celle dont ils sont séparés; leurs enfans ne peuvent donc avoir d'autre lien de famille qu'avec les membres qui sortiront de cette souche nouvelle, qui tous eux-mêmes n'auront de droit de successibilité qu'entre eux, et ne pourront *posséder* eux-mêmes *civilement* que des biens situés dans le lieu où ils ont l'existence civile : car la possession du mort civilement qui acquiert, par un acte du droit naturel, des biens qu'il ne peut transmettre à ses parens, n'est qu'une possession de fait et de droit naturel.

Il pourra donc être exact, à cet égard seulement, que le mariage ne leur donne les effets civils que dans le lieu de la déportation de leurs auteurs et sur les biens qui y sont situés ; mais l'expression généralement prise ne serait pas exacte, puisque le mariage produit à leur égard deux effets qu'ils portent par-tout.

Voilà pour les enfans nés de deux déportés ; voyons maintenant quel doit être l'état de l'enfant né d'un individu déporté et d'un individu qui jouit de la plénitude des droits civils.

L'opinant dit *d'un individu*, parce qu'il peut arriver que ce soit la personne du sexe qui ait été déportée, et qui épouse un homme jouissant des droits civils, soit parce qu'il se trouve dans le voisinage, soit pour toute autre cause ; en sorte qu'il faut généraliser la question, qui, dans la dernière séance, n'avait été envisagée que sous le point de vue d'une femme qui a épousé un déporté.

Généralisant ainsi la question, le C. *Tronchet* étend au père non déporté la décision que le Conseil n'avait portée qu'à l'égard de la mère.

Il adhérerait à cette décision, pour laquelle il n'avait point voté dans la dernière séance, par le seul respect qu'il doit aux arrêtés du Conseil, aux lumières duquel il soumettra toujours ses opinions personnelles ; mais il y adhère de plus, parce que la réflexion lui a fait connaître qu'il s'était trompé.

Séduit par cette idée que le mariage d'un individu déporté produisait une famille toute nouvelle, étrangère à l'ancienne, il ne voyait que l'homme qui, comme chef de ce mariage, pût être la source de cette nouvelle famille ; et il lui semblait que la femme qui épousait un déporté, se soumettait à participer, au moins quant au mariage, à la condition du mari.

Mais cette idée était fausse. Ce n'est point le mari qui, comme chef du mariage, procure aux enfans le double lien de parenté dans deux familles différentes ; cet effet résulte de ce que le mariage se fait par la réunion de deux personnes qui appartiennent à deux familles différentes, et de ce que l'enfant, recevant de chacune d'elles en partie son existence, reçoit nécessairement de chacune d'elles le même droit de famille qui lui appartient.

L'opinant dit donc, en étendant la décision du Conseil, que l'enfant reçoit de l'individu qui jouit des droits civils, le droit de parenté qui en dérive; qu'il ne peut recevoir ce droit de l'individu qui l'a perdu; et que la décision s'applique également au père ou à la mère.

A l'égard des enfans nés d'un mariage contracté par un individu déporté, avant la déportation, il ne peut pas y avoir de difficulté sérieuse.

Ces enfans ont reçu de ce mariage la plénitude des droits de parenté, soit dans la ligne de l'individu qui a été depuis déporté, soit dans la ligne de l'individu qui n'a point subi la même peine.

Ce mariage étant dissous par l'effet de la peine, et la succession du déporté étant ouverte à cette époque, quant aux biens qu'il possédait alors dans tout le territoire français,

1.° Ils lui succéderont quant aux biens dont il est dépouillé par cette condamnation;

2.° Ils lui succéderont pour les biens que le déporté pourra acquérir dans le lieu de la déportation;

3.° Ils ne lui succéderont point quant aux biens qu'il aura pu acquérir dans le surplus du territoire, attendu que le déporté n'a plus la capacité de transmettre à titre de succession;

4.° Ils concourront avec les enfans nés d'un mariage postérieur, quant aux biens situés dans le lieu de la déportation;

5.° Ils recueilleront toutes les successions collatérales qui pourront s'ouvrir dans la ligne de leur auteur déporté;

6.° Enfin, ils succéderont à l'autre individu non déporté, eux seuls si celui-ci ne s'est point remarié, ou concurremment avec les enfans nés d'un second mariage, soit qu'il ait été renouvelé avec le déporté ou avec un tiers; et ils recueilleront seuls les successions collatérales qui pourront s'ouvrir en France dans la ligne de leur auteur déporté.

La seule question qui pourrait s'élever, serait celle de savoir s'ils succéderont à leur auteur déporté, pour les biens qu'il aurait pu par hasard posséder dans le lieu de sa déportation.

La solution de cette question dépend du point de savoir si le déporté est censé avoir conservé une partie de ses anciens droits civils, ou si, mort civilement, il ne fait que reprendre une nouvelle vie civile limitée.

Le C. *Tronchet* pense que c'est une nouvelle vie.

Il se résume ainsi.

Le déporté peut contracter mariage dans le lieu de sa déportation.

Le mariage qu'il avait contracté précédemment est dissous, mais peut être renouvelé avec l'ancien époux, pourvu que celui-ci ait suivi dans l'année son époux dans le lieu de sa déportation.

Le mariage contracté par un déporté, soit avec un individu également déporté, soit avec un individu jouissant de tous ses droits civils, produit à l'égard des deux époux, soit respectivement à leurs droits réciproques, soit respectivement à leurs droits sur leurs enfans et descendans, les mêmes effets civils que la loi attache au mariage légitime.

A l'égard des enfans du mariage contracté depuis la déportation, il leur procure l'avantage de la légitimité; mais il ne leur procure les droits de famille et de successibilité que sous les modifications suivantes :

Si le mariage a été contracté entre deux déportés, les enfans et descendans qui en sont issus forment une nouvelle famille qui ne jouit du droit de successibilité que quant aux membres de cette famille, et au père et à la mère qui en sont sont la source ;

Si le mariage a été contracté entre un individu déporté et un individu jouissant de l'intégrité des droits civils en France, les enfans recueillent indistinctement toutes les successions directes et collatérales qui leur sont échues dans la ligne du père et de la mère non déportés ; mais ils ne succèdent qu'à leur père ou mère déporté, et aux collatéraux issus de lui depuis la déportation, quant aux biens situés dans le lieu de la déportation seulement.

La déportation du père ou de la mère n'altère en rien l'intégrité des droits civils des enfans nés avant la condamnation : ils leur succèdent, ainsi qu'à tous leurs parens, de la même manière qu'ils feraient si la déportation n'avait pas eu lieu, à l'exception néanmoins de ceux desdits parens qui forment la nouvelle famille issue du mariage postérieur à la déportation.

Le CONSUL CAMBACÉRÈS met en délibération si l'on statuera particulièrement sur chacun des cas prévus par le C. *Tronchet*.

Le C. DEFERMON pense qu'il faut d'abord une disposition générale sur les déportés ; qu'elle sera expliquée ensuite par les articles que le C. *Tronchet* propose de faire.

Les CC. TRONCHET et PORTALIS partagent cet avis.

Le C. BOULAY pense aussi qu'il faut présenter d'abord une idée générale : mais, dit-il, la difficulté est de la trouver. Cependant on y parviendra peut-être, si l'on considère que, dans les vues du Premier Consul, la déportation doit opérer un effet politique ; et qu'ainsi il convient de l'envisager sous ce point de vue, bien plus que sous ses rapports avec le droit criminel. Il est ici deux idées qu'il importe de saisir : 1.° On veut délivrer à jamais la France des individus condamnés à la déportation ; ils doivent donc être déchus, sur le continent, de tous les droits qui supposeraient la possibilité de leur présence : 2.° on veut, par la déportation, créer dans le Nouveau Monde une colonie utile ; les déportés ne doivent donc pas être gênés dans le développement des moyens qui leur sont nécessaires pour se former un établissement.

Le C. TRONCHET observe qu'on ne peut dire que les déportés ne jouiront en France d'aucun droit civil : dès qu'il leur est permis de se marier dans le lieu de leur déportation, ce mariage, reconnu par la loi, doit avoir par-tout ses effets : par exemple, un mineur né de ce mariage, ne pourra se marier en France sans le consentement de son père.

On dégagerait la discussion de l'embarras qui l'entrave, si, après avoir décidé ici que le déporté peut se marier légalement au lieu de sa déportation, on se réservait de déterminer au titre *du Mariage* et au titre *des Successions*, les effets qu'aura son mariage sur le continent ; si, en général, après avoir imprimé les articles qui viennent d'être présentés, on les renvoyait respectivement au titre du Code auquel ils se rattachent naturellement.

Le MINISTRE DE LA JUSTICE dit que l'embarras même de cette discussion prouve que la déportation forme dans les lois une matière essentiellement particulière. Il ne s'agit ici que de régler ce qui concerne la perte des droits civils : il suffirait donc d'expliquer les cas où elle a lieu, et ses effets généraux ; on placerait la déportation parmi ces cas, et l'on renverrait l'explication des effets particuliers qu'elle doit produire, à un titre spécial qui présenterait les règles propres à la matière, et contiendrait la législation politique sur les déportés.

Le C. PORTALIS dit que toutes les questions qu'on agite ne viennent que de ce qu'on veut regarder comme dissous le mariage antérieur à la déportation : on les éviterait, si l'on se bornait à faire de la déportation une simple cause de divorce.

Le C. BERLIER observe que cette décision ne terminerait pas les questions relatives aux enfans.

Le C. TRONCHET ajoute qu'elle ne leverait pas toutes les difficultés : si un déporté contractait mariage avec un non-déporté, alors toutes les questions qu'on veut éviter se représenteraient.

Le C. PORTALIS répond qu'on en renverra la solution à loi spéciale.

Le C. REGNAUD (de Saint-Jean-d'Angely) pense que le Code civil doit se borner à déclarer que la déportation est une cause de divorce ; qu'aller plus loin, ce serait s'exposer à contredire le Code criminel; qu'au reste, la matière de la déportation exige une législation civile particulière; qu'il serait utile de la régler dès à présent par une loi.

Le CONSUL CAMBACÉRÉS dit que rien ne s'oppose à ce que cette loi devienne un titre du Code civil.

La question principale, continue le Consul, est de savoir si le mariage est dissous quant à ses effets civils, lorsque l'un des conjoints est mort civilement. Il ne s'agit pas de statuer sur le lien qu'il peut former d'ailleurs suivant les diverses opinions religieuses.

Si l'on veut ensuite statuer en particulier sur le mariage du déporté, il suffit, pour sortir de toutes les questions, que soit l'ancien mariage lorsqu'il a continué, soit le mariage que le déporté contracte après sa condamnation, n'auront d'effets civils que dans le lieu de la déportation.

Le C. BOULAY est aussi d'avis qu'on ferait cesser les difficultés, en déclarant la déportation simple cause de divorce.

Le CONSUL CAMBACÉRÉS dit que ce serait décider que le mariage antérieur subsiste quant à ses effets civils, et que c'est précisément là ce qui est en question : il faut décider positivement si ce mariage conserve ses effets civils, autrement la loi serait incomplète.

Le C. TRONCHET dit que la question a été décidée négativement. Si l'on revient sur cette décision, sera-ce pour tous les individus frappés de mort civile, ou seulement pour les déportés!

Le CONSUL CAMBACÉRÈS dit qu'il ne s'agit que des déportés : si on ne les met pas dans la classe des morts civilement, on aplanira beaucoup de difficultés.

Le C. BOULAY pense qu'on ne doit pas placer le déporté au rang des individus qui ont encouru la mort civile absolue : on peut observer qu'en adoptant le système contraire, on sera obligé de modifier le principe par une foule d'exceptions, comme le propose le C. *Tronchet.*

Le C. TRONCHET répond qu'il a eu en vue la privation de droits civils, et non la mort civile : mais on ne peut plus avoir d'incertitude sur le plus ou moins d'étendue qu'on lui donnera, puisqu'on a décidé que le déporté jouira de tous les droits civils dans le lieu de sa déportation.

Le C. DEFERMON dit qu'il serait dangereux de déclarer le déporté mort civilement, s'il peut y avoir une autre déportation que la déportation judiciaire.

Le C. RÉAL dit qu'il ne s'agit évidemment que de celle-là.

Le CONSUL CAMBACÉRÈS ajoute que c'est un point convenu ; et que d'ailleurs la rubrique du titre réduit toutes les dispositions qu'il renferme, à la déportation prononcée par un jugement.

Le C. RÉAL ajoute qu'il en est de la déportation dont on parle, comme autrefois du bannissement perpétuel, lequel n'avait lieu que par une condamnation judiciaire.

Le C. REGNIER dit que la déportation étant un retranchement absolu du corps social, elle opère inévitablement la mort civile : ainsi, quand on ne prononcerait pas le mot, il faut ou attacher à la déportation les effets de la mort civile, ou changer les effets naturels de la condamnation.

Le C TRONCHET observe que c'est dans cette vue qu'on a dit que le déporté *reprendra* les droits civils au lieu de sa déportation, et qu'on a évité de dire qu'il les *conservera.*

Le C. Regnier reprend, et ajoute que le bannissement ne corrige pas le condamné, et que, sous ce rapport, la déportation lui est préférable : mais elle est de la même nature, parce qu'elle sera probablement la peine des crimes qui autrefois étaient punis par le bannissement ; il faut donc qu'elle opère aussi le retranchement irrévocable du condamné, de la société qu'il a troublée par des offenses très-graves.

Le C. Rœderer dit que le principe sur lequel est fondé l'article XXII, mérite d'être soumis à un nouvel examen. La résolution de rendre la vie civile à tous les déportés indistinctement dans le lieu de leur déportation, ne pourrait produire des effets généralement utiles que dans le cas où la déportation serait réservée pour les individus coupables de délits politiques : il n'en sera pas de même si on l'attache aux actions qui, partout et en tous les temps, ont été réputées crimes, et ont mérité la peine capitale. Les déportés ne doivent pas reprendre indistinctement la vie civile ; mais il convient de donner au Gouvernement le droit de la leur rendre, quand il le juge à propos. Il en est ainsi chez tous les peuples policés, et particulièrement en Angleterre ; tous les déportés y encourent la mort civile, même dans le lieu de la déportation : le Gouvernement a cependant le droit de les en affranchir ; mais il use de ce droit avec une telle circonspection, que jusqu'ici on n'en a qu'un seul exemple, c'est celui de *Baringthon*, voleur fameux qui, dans la traversée, défendit le vaisseau contre les autres déportés, et les fit rentrer dans le devoir. Il serait très-dangereux de donner indistinctement aux déportés le droit d'acquérir, c'est-à-dire les moyens de s'évader, d'exciter des séditions et des troubles. Dans aucune prison, on ne laisse de moyens aux détenus ; encore moins le doit-on souffrir dans une prison non fermée. Cependant il est juste et politique de rendre la vie civile et de donner l'état de colon au déporté qui mérite cette faveur par une conduite sage et laborieuse ; ce sera l'animer à devenir meilleur. Le travail en général améliore les hommes, et sera d'un grand secours pour policer la colonie. Mais le travail produit par la seule crainte du châtiment, n'opère pas cet heureux effet : il faut donner un autre intérêt au déporté ; il faut qu'il puisse, par son travail, mériter sa liberté, et se former un pécule qui le rende dans la suite propriétaire. On userait ce ressort si on l'employait indistinctement pour tous.

Ainsi l'on ne doit pas admettre la base de l'art. XXII sans un nouvel examen. Qu'on adopte en principe que la déportation sera au nombre des peines que prononceront les tribunaux, et qu'on décide de quels crimes elle sera le châtiment; qu'on réserve enfin au Gouvernement le droit d'éloigner, dans des circonstances extraordinaires, et par voie de haute police, des individus dangereux.

Le C. RÉAL dit que les observations du C. *Rœderer* font naître une question nouvelle. Celle dont s'occupe le Conseil consiste à savoir si la déportation entraîne la mort civile. Il y a lieu de le croire, puisque la déportation prend la place du bannissement à vie, et qu'opérant le retranchement perpétuel du condamné, elle le prive de ses droits civils. Ce ne serait plus qu'un exil, si elle ne rompait pas les liens qui unissent le coupable avec la société; et cependant la déportation doit opérer, dans l'ordre civil, les mêmes effets qu'y produit la mort naturelle.

Quant à la distinction que le C. *Rœderer* voudrait mettre entre les déportés par rapport à la vie civile, elle est évidemment inadmissible, puisqu'il ne s'agit que de la déportation judiciaire, et que le Gouvernement n'aurait le droit de modifier les jugemens criminels, qu'autant qu'on lui accorderait le droit de faire grâce. Quand on admettrait l'usage de la rélégation, elle n'emporterait pas la mort civile; mais ceci est étranger à la question qu'on discute.

Le C. MALEVILLE dit qu'on ne peut se dispenser d'accorder aux déportés les droits civils dans le lieu de leur déportation. Sans cela, que serait la colonie! Une troupe d'esclaves sous un commandeur qui leur distribuerait les fruits du travail commun. Réduire la colonie à cet état, ce ne serait pas l'utiliser. On ne parviendra à constituer une vraie colonie, qu'en donnant aux déportés, dans le lieu où on veut l'établir, tous les avantages et tous les moyens que l'homme trouve dans l'état de civilisation.

Le C. RŒDERER dit qu'il voudrait que la vie civile ne fût rendue aux déportés que par voie de police coloniale.

Le C. REGNAUD (de Saint-Jean-d'Angely) dit que

le système du C. *Rœderer* est que le déporté encoure par-tout la mort civile absolue, mais que le Gouvernement puisse l'en relever dans le lieu de la déportation seulement. La décision qui serait prise à cet égard, ne ferait pas cesser les difficultés relevées par le C. *Tronchet*. Le C. *Rœderer* présente donc une question nouvelle, qui conduit à examiner d'abord si le déporté sera frappé de mort civile par-tout, même dans le lieu de sa déportation.

Le C. BERLIER dit qu'il y a plusieurs questions. Si la mort civile ne doit pas devenir la suite de la déportation, les difficultés dont on s'occupe s'avanouissent. Mais le C. *Boulay* lui-même pense que le déporté doit être privé d'une grande partie de ses droits civils. Jusqu'à quel point cette privation influera-t-elle sur le mariage actuellement formé ! sera-t-il dissous, ou subsistera-t-il en devenant cependant résoluble par la déportation ! voilà le point en discussion.

L'opinion du C. *Berlier* est que la condamnation à la peine de mort doit produire la mort civile la plus complète ; mais que le déporté peut être mis dans une autre classe, et n'être privé que d'une partie de ses droits civils. Il convient donc de régler positivement son état, d'indiquer les droits dont il est privé, d'indiquer également ceux qui lui restent.

Après une longue discussion sur les effets de son mariage, on a décidé que, puisque le déporté est retranché de la société générale, il ne peut plus demeurer dans la société individuelle qui unit deux époux ; qu'en conséquence son mariage est rompu ; que cependant il peut reprendre son épouse, en s'unissant de nouveau avec elle dans le lieu de sa déportation. Il y a peut-être de l'inconvénient à revenir sur des principes adoptés, et à remettre en question ce que le Conseil a décidé après le plus mûr examen.

Quant à la successibilité des enfans, il serait peut-être inconvenant de parler des déportés au titre *du Mariage* et au titre *des Successions*, immédiatement après avoir réglé la condition des citoyens. Les dispositions relatives à la famille des déportés seront mieux placées dans un titre particulier.

A l'égard de l'opinion ouverte par le C. *Rœderer*, on peut la réduire à des termes très-simples. En effet, il ne s'agit que de la déportation judiciaire, et non de mesures extraordinaires qui, en aucun cas, n'ôtent la vie civile. Il ne reste donc qu'un point à examiner ; c'est la question de s'avoir s'il est nécessaire de priver de tous droits civils l'individu que, par précaution, on a séparé de la masse des Français : mais on est déjà convenu que la privation qu'il faut imposer à cet individu, peut être restreinte à certaines limites.

Le C. REGNIER observe qu'il est assez indifférent de déclarer que la mort civile ne sera encourue que par une condamnation à la mort naturelle, pourvu que le déporté ne conserve pas ses droits civils ; il doit en être privé en France, puisqu'il est banni à jamais.

Le CONSUL CAMBACÉRÉS ramène la discussion à des termes simples.

On est convenu, dit le Consul, que la mort civile doit continuer à être en usage, et qu'elle doit être la suite de toute peine perpétuelle. Si l'on établissait une déportation à temps, elle ne ferait pas perdre au condamné sa vie civile ; il est donc indifférent de dire que le déporté sera mort civilement, ou de dire qu'il sera privé des droits civils.

En second lieu, il s'est élevé une difficulté sur le mariage du déporté. Afin de la résoudre, il est nécessaire de décider d'abord, par une disposition générale, si les déportés recouvreront indéfiniment la vie civile dans le lieu de leur déportation, ou s'ils y seront morts civilement, à moins que le Gouvernement ne leur rende l'état civil.

Enfin, soit qu'ils recouvrent la vie civile de plein droit, ou qu'ils l'obtiennent de la bienveillance du Gouvernement, toujours est-il vrai qu'ils ne doivent point en jouir hors du lieu de leur déportation.

Ces points une fois établis, les conséquences découleront naturellement de la règle qui aura été adoptée, et dont l'application se fera au mariage, à l'exercice de la puissance paternelle, et aux autres matières sur lesquelles cette règle pourra agir.

Le C. *Tronchet* voit une longue série de questions à décider, et d'autres craignent que, si cet avis est suivi, il n'en résulte des longueurs.

D'abord il ne faudrait pas craindre de multiplier les dispositions lorsqu'elles sont nécessaires ; mais, dans la matière qui occupe le Conseil, cette nécessité n'existe pas ; et il est possible de résoudre toutes les difficultés par quelques décisions fort simples. Par exemple, on peut dire qu'il n'y aura pas de communauté entre le déporté et sa femme, ou qu'elle n'aura d'effet que dans le lieu de la déportation. On peut dire que l'enfant mineur d'un déporté se mariera en France sans le consentement de son père, parce que là il est le fils d'un homme mort, et qu'aux yeux de la loi il n'a de père que dans la colonie; que le consentement de sa mère est cependant nécessaire, si elle a conservé la vie civile. Le Consul ajoute qu'il n'a cité ces exemples que pour faire sentir qu'en embrassant l'opinion du C. *Tronchet*, il ne s'ensuivrait pas autant d'articles qu'on le fait entrevoir; qu'au surplus, il estime que tout doit se réduire à poser un principe dont l'application se ferait naturellement à tous les cas; ce principe pourrait être ainsi présenté: « Le déporté ne recouvre la vie civile et n'en jouit » que dans le lieu de sa déportation. »

A l'égard de la relégation et de l'exil, ce n'est pas dans le Code civil qu'il convient d'en parler. Peut-être même y aurait-il de l'inconvénient à organiser des mesures dont l'usage sera toujours rare, et qui n'auront lieu que dans des circonstances très-extraordinaires.

Le C. Boulay propose, pour remplir l'idée du Consul, de supprimer l'article XXII, et de s'en tenir à l'article XX.

Le Consul Cambacérés trouve l'article XX très-clair.

Le C. Berlier voudrait qu'on y ajoutât ces mots, « et pour les biens qu'il y possédera. »

Le C. Tronchet dit que la rédaction de l'art. XX est régulière, si l'on se borne à la disposition qu'elle exprime; mais qu'en restreignant ainsi la loi, on laisse en suspens une infinité de contestations qui sont inévitables. On ne décide pas, par exemple, si le mariage du déporté est dissous, s'il peut se marier.

Le C. Boulay répond que le mariage continue de subsister, non plus en France, où le déporté n'a plus la vie civile, mais au lieu de sa déportation, où il en jouit.

Le C. Tronchet observe que l'article XXI attache à la mort civile en général, l'effet de rompre le mariage.

Le C. Defermon répond que cet effet est restreint à la France.

Le C. Tronchet en convient; mais il dit que si un déporté se marie au lieu de sa déportation avec une personne qui jouisse par-tout des droits civils, il restera des difficultés sur l'effet que produira son mariage par rapport aux époux et aux enfans, et sur-tout par rapport aux droits de parenté de ces derniers hors de la colonie.

Le C. DEFERMON dit qu'on réglera ces difficultés par une loi.

Le CONSUL CAMBACÉRÈS dit qu'il ne faut pas, en effet, laisser la loi incomplète; et qu'on ne tombera pas dans cet inconvénient, si l'on énumère avec exactitude les droits civils dont la déportation prive le condamné, et qu'on dise ensuite qu'il les conserve néanmoins dans le lieu de sa déportation : l'exception sera claire.

Quant aux droits de famille des enfans, on pourra dire qu'en conséquence de la disposition précédente, ils sont restreints au lieu de la déportation; de manière qu'à ce titre les enfans n'aient aucune prétention en France.

Le C. TRONCHET dit que la difficulté naît de ce que les dispositions relatives aux déportés vont plus loin que sa personne, et qu'elles feront naître des questions dans toute sa descendance. On simplifierait le travail, si, ne parlant ici que des effets de la mort civile en général, on rejetait, comme l'a proposé le C.en *Berlier*, les effets de la déportation dans un titre particulier.

Le CONSUL CAMBACÉRÈS y consent, pourvu qu'on s'occupe sans délai de ce titre. Il croit cependant que l'article XX satisfait à tout. Quand on aura dit que le déporté, sa femme et ses enfans ne pourront exercer et réclamer leurs droits civils que dans le lieu de la déportation, les tribunaux du continent repousseront les prétentions que ces individus porteraient devant eux. On ne voit ici de l'embarras que parce qu'on revient toujours à des idées particulières, au lieu de s'attacher uniquement au principe général d'après lequel la déportation crée une nouvelle famille.

Le C. TRONCHET se rend à cette opinion, si on ôte tous les droits civils, hors de la colonie, aux enfans nés depuis la déportation ; autrement il deviendrait indispensable de régler leurs droits sur le continent par une loi particulière.

Le C. PORTALIS dit qu'il est d'autant plus de l'avis du Consul, que jamais les lois qui ont privé de la vie civile les bannis à perpétuité, n'ont donné la nomenclature des divers cas auxquels ce principe pouvait être appliqué : tout doit être décidé par un principe simple.

La femme qui a suivi son mari dans sa déportation, a partagé sa condition, et les enfans qu'elle procrée ensuite ne sont rien sur le continent. Il faut s'en tenir à cette maxime; les détails ne font qu'appeler les détails.

Les diverses propositions sont mises aux voix.

Le CONSEIL adopte le principe de l'art. XX, rejette la proposition de faire un titre particulier des effets de la déportation, et retranche l'article XXII.

L'article XXIII est soumis à la discussion; il est ainsi conçu :

« Toute condamnation, soit contradictoire, soit par » contumace, n'emporte la mort civile qu'à compter du » jour de son exécution soit réelle soit par effigie.

» L'accusé qui meurt dans l'intervalle entre la pro- » nonciation et l'exécution du jugement, meurt dans » l'intégrité de ses droits, si ce n'est qu'il se soit donné » la mort à lui-même. »

Le C. PORTALIS demande la suppression de ces mots, *si ce n'est qu'il se soit donné la mort à lui-même* : il se fonde sur ce que les lois actuelles gardent le silence sur le suicide. Le suicide peut être un crime dans certaines occasions : mais celui du condamné n'a rien de dangereux; il débarrasse la société; il ne profite qu'aux héritiers; et il a pour cause ou la conservation de l'honneur, ou l'intérêt des enfans.

Le C. TRONCHET dit que le suicide d'un condamné peut porter préjudice à ses héritiers en validant son testament.

Le C. DEFERMON observe que l'article XXVIII paraît pourvoir à ces fraudes, quoiqu'il ne parle pas formellement du testament.

Le C. TRONCHET dit que la disposition de l'article XXVIII n'embrasse pas toujours les testamens, parce qu'ils peuvent avoir été faits long-temps avant la condamnation.

Le C. DEFERMON dit que, dans ce dernier cas, il ne peut pas y avoir de raison de les infirmer.

Le C. TRONCHET répond qu'un testament ne peut être que l'expression de la volonté dans laquelle le testateur est mort; il faut donc, pour qu'un testament soit valable, que le testateur, au moment de sa mort, ait encore eu la capacité de disposer par l'effet de sa volonté.

Le C. TRONCHET consent, au surplus, au retranchement demandé par le C. *Portalis*.

L'article est adopté avec ce retranchement.

Le C. BOULAY observe que, d'après cette décision, tout le paragraphe 2 devient inutile.

Le CONSEIL adopte la suppression.

L'article XXIV est soumis à la discussion; il est ainsi conçu :

« Lorsque la condamnation emportant mort civile » n'aura été rendue que par contumace, la partie civile » et les héritiers du condamné ne pourront se mettre en » possession de ses biens, pendant les cinq années qui » suivront l'exécution, qu'en donnant caution.

» L'exécution provisoire a lieu, même quant à ce » qui concerne les actions qui résultent de la dissolution » du mariage, entre l'époux du condamné et ses héri- » tiers; sauf que l'époux ne peut contracter un nouveau » mariage qu'après l'expiration des cinq ans. »

Le C. TRONCHET dit que la provision que cet article accorde aux héritiers, est une conséquence du principe adopté par le Conseil; que les actions de l'autre époux sont ouvertes, parce qu'il ne peut demeurer en communauté avec des héritiers avec lesquels il n'a pas contracté; que la dissolution du mariage est suspendue, parce que l'importance de ce contrat exclut toute idée de provision. Ce serait d'ailleurs favoriser une supposition immorale, que d'admettre celle que ferait la femme, que son mari demeurera sous le poids de sa condamnation; ce serait exposer les enfans qu'elle aurait d'un nouveau mariage à devenir bâtards, si le premier mari de leur mère venait à recouvrer ses droits civils.

Le C. BIGOT-PRÉAMENEU demande qu'on prévoie le cas où les héritiers du condamné ne pourraient donner caution, et qu'alors on substitue le séquestre à la possession provisoire qui leur est accordée par l'article.

Le C. TRONCHET dit que ce n'est pas ici la place des règles qui décident pour ce cas; on les trouvera ailleurs. Au surplus, ces règles sont connues; on sait qu'à défaut de caution, les fonds deviennent inaliénables, et qu'il doit être fait emploi des meubles.

Le C. BOULAY dit que, dans le système de l'article, le mariage est regardé comme dissous, et que néanmoins il ne l'est pas parfaitement, puisque la femme ne peut en contracter un nouveau. Mais les enfans qui en naîtraient pendant les cinq ans de la coutumace, ne seront pas légitimes, si leur père se fait absoudre après ce délai : ils seraient donc bâtards, quoique leur père fût reconnu innocent! On préviendrait cette contradiction, en ne déclarant le mariage dissous qu'après les cinq ans, c'est-à-dire, lorsque le jugement par contumace aurait acquis la même force qu'un jugement contradictoire.

Le C. TRONCHET dit qu'il a été décidé qu'un jugement par contumace doit être exécuté provisoirement; mais que la nature du contrat de mariage n'admet pas de provision.

Le C. BOULAY convient que la femme ne peut pas se remarier dans les cinq ans ; mais la difficulté porte sur l'état des enfans qu'elle a eus de son mari pendant ce délai.

Le CONSUL CAMBACÉRÉS dit qu'il n'y a pas de certitude légale que ces enfans appartiennent au père. Le mariage étant dissous, ils ne peuvent plus invoquer la règle, *Pater is est quem justæ nuptiæ demonstrant.*

Le C. BOULAY observe que la règle reprend sa force, lorsque le père revient dans les cinq ans et est absous.

Le CONSUL CAMBACÉRÉS dit qu'on peut se placer aussi dans l'hypothèse où le père ne se fait absoudre qu'après les cinq ans, et qu'alors les enfans nés entre la condamnation et l'absolution ne seraient certainement pas légitimes ; qu'au reste, l'inconvénient dont parle le *C. Boulay*, paraît exister dans le système qu'avait proposé la section.

Le C. TRONCHET ajoute que quand la loi a frappé le mari de mort civile, et déclaré son mariage dissous, elle ne peut plus voir, dans la fréquentation entre les époux, qu'un concubinage qui l'offense.

Le C. DEFERMON dit que, dans le système du C. *Tronchet*, la femme demeure, pendant les cinq ans, dans les devoirs que le mariage lui impose envers son mari ; qu'elle ne peut donc refuser de le fréquenter, s'il l'exige, et qu'il est naturel de prévoir que, de ce commerce, pourront naître des enfans. La loi se contredirait si elle flétrissait ensuite des enfans nés en quelque sorte sous ses auspices; et cependant elle les déclarerait bâtards, si elle décidait que, même à l'égard de son mariage, le contumax qui se fait absoudre après les cinq ans, ne reprend ses droits civils que pour l'avenir.

Le C. TRONCHET dit que l'exception demandée par le C. *Defermon* pourra être discutée avec l'art. XXVI.

Le CONSUL CAMBACÉRÈS dit que, comme la filiation ne serait pas certaine, il combattra cette exception.

Le C. DEFERMON déclare qu'il se réduit à demander l'exception pour les enfans que le père reconnaîtra.

Le CONSUL CAMBACÉRÈS dit qu'il admet l'exception ainsi restreinte.

Le C. BOULAY fait une autre observation : il dit qu'en donnant aux héritiers la possession provisoire des biens du contumax qui a encouru la mort civile, on leur donne aussi les fruits ; que cependant la loi criminelle prononce le séquestre de ces biens au profit de la nation, même lorsque le contumax n'a pas été condamné à une peine emportant la mort civile ; qu'elle a fait de ce séquestre la peine générale de tout contumax. Il résulterait cependant de la dérogation qu'on ferait en faveur du contumax mort civilement, qu'il serait mieux traité que celui qui a mérité une peine moins grave. On ne peut donc se dispenser de généraliser la disposition, et de faire cesser le séquestre à l'égard de toute espèce de contumax.

Le CONSUL CAMBACÉRÈS dit que cette disposition est étrangère au Code civil ; qu'elle appartient au Code criminel, dont on ne s'occupe pas encore.

Le C. BOULAY observe que la contradiction subsistera cependant jusqu'à la réformation du Code criminel.

Le CONSUL CAMBACÉRÈS dit qu'il est possible de la faire cesser par une loi particulière ; mais que, sous aucun rapport, on ne peut insérer de disposition sur ce sujet dans le Code civil.

Le C. DEFERMON dit qu'il importe encore d'examiner si la partie civile doit donner caution pour toucher ses dommages-intérêts.

Le C. TRONCHET tient l'affirmative, parce que, si le contumax se représente dans les cinq ans, il est déchargé, même des condamnations pécuniaires, et que le jugement est mis au néant. Ce n'est qu'après l'expiration des cinq ans que la partie civile n'est plus exposée à rendre les dommages-intérêts.

Le C. REGNIER dit qu'exiger dans tous les cas une caution de la partie civile, ce serait la priver quelquefois de ses dommages-intérêts. Il en serait ainsi, par exemple, dans le cas où ils auraient été adjugés à des enfans pauvres et en bas âge, comme réparation de l'assassinat de leur père. On devrait donc laisser à la prudence du juge, d'exiger ou de ne pas exiger une caution de la partie civile.

Le C. TRONCHET adopte cet amendement.

Le CONSEIL, consulté, retranche de l'article la disposition relative à la partie civile.

Le C. BOULAY déclare qu'il retire son amendement, si l'on se propose de le placer dans une loi particulière.

L'article est adopté.

L'article XXV est soumis à la discussion, et adopté en ces termes :

« Lorsque le condamné par contumace se représentera » volontairement dans les cinq années, ou lorsqu'il aura » été saisi et constitué prisonnier dans le même délai, » le jugement sera anéanti de plein droit; l'accusé sera » jugé de nouveau en la forme prescripte par la loi criminelle; et s'il est absous, ou s'il n'est point condamné, » soit à la même peine, soit à une autre emportant mort » civile, tous les effets de la première condamnation » seront anéantis avec effet rétroactif. »

L'article XXVI est soumis à la discussion; il est ainsi conçu :

« Lorsque le condamné par contumace qui ne se sera » représenté ou qui n'aura été constitué prisonnier qu'après les cinq ans, sera absous par le nouveau jugement, ou n'aura été condamné qu'à une peine qui » n'emportera point la mort civile, il rentrera dans la » plénitude de ses droits civils pour l'avenir, et à compter du jour où il aura reparu en justice; mais le premier jugement conservera tous ses effets pour le » passé. »

Cet article est adopté avec l'amendement que « les » enfans nés entre la condamnation et l'absolution d'un » mort civilement, seront légitimes, s'ils sont reconnus » par leur père. »

L'article XXVII est soumis à la discussion ; il est ainsi conçu :

« Le condamné par contumace qui meurt dans le » délai de grâce des cinq ans, est réputé mort dans l'in- » tégrité de ses droits civils ; le jugement de contumace » est, en ce cas, anéanti de plein droit. »

Le C. Boulay observe que cet article est fondé sur la présomption que le contumax se serait représenté et aurait prouvé son innocence : il résulte de ce principe, que les actes qu'il a faits pendant sa contumace, deviennent valables par sa mort ; or, une telle conséquence ne peut se concilier avec la saisie accordée aux héritiers depuis le moment de la condamnation ; car il implique contradiction que les héritiers aient été saisis, et que le condamné ait pu disposer.

Le C. Tronchet soutient qu'il n'y a pas de contradiction. En général, le contumax qui se fait absoudre dans les cinq ans, reprend rétroactivement la vie civile. S'il meurt pendant le délai, il meurt absous ; parce qu'on suppose qu'il se serait représenté, et que s'il n'a pas jusque-là usé de cette faculté, c'est que des obstacles insurmontables l'en ont empêché. Au reste, il n'était pas en faute puisque le délai n'était pas expiré. Son absolution ayant un effet rétroactif, ses héritiers doivent lui rendre sa succession, et sont réputés n'en avoir jamais eu la propriété ; il a donc pu disposer valablement.

Le C. Defermon observe que l'article prive la partie civile, des droits qui lui sont acquis par le jugement, et qu'il n'est pas juste que les frais qu'elle a faits pour obtenir des dommages-intérêts soient perdus, et son action périmée.

Le Consul Cambacérès dit que les condamnations pécuniaires n'étant que des accessoires des condamnations pénales, tombent nécessairement avec elles. Un arrêt de la cour des aides de 1673, rapporté dans le supplément du Journal du palais, a fait l'application de ce principe.

Le C. Defermon demande comment la partie civile obtiendra ses dommages-intérêts.

Le C. Portalis répond que la mort naturelle du contumax pendant les cinq ans, en désarmant la vengeance publique, n'éteint pas néanmoins l'action en dommages-intérêts. La réparation civile peut encore être poursuivie par la partie contre les héritiers de celui qui a fait le dommage : on poursuit alors par la voie civile, et la preuve se fait par enquête.

Le C. TRONCHET, pour prévenir toute équivoque, propose d'ajouter à l'article, « le tout sans préjudice » de l'action civile de la partie intéressée. »

Le C. BIGOT-PRÉAMENEU dit qu'il est inutile d'exprimer cette maxime, attendu que, dans l'usage actuel, la réparation civile est poursuivie par la voie civile.

Le C. RÉAL observe qu'avant la procédure sur laquelle le jugement est intervenu, les parties intéressées ont eu le droit de se pourvoir à leur choix, au criminel ou au civil; qu'on peut donc les renvoyer à poursuivre au civil après que la condamnation est anéantie.

Le C. DEFERMON dit que cependant cette doctrine leur porterait préjudice, si les preuves avaient péri.

Le MINISTRE DE LA JUSTICE répond qu'au civil on fait valoir les preuves écrites; qu'ainsi la partie intéressée pourra se servir de celles que lui offriront les procès-verbaux de la police judiciaire.

L'article est adopté avec l'amendement proposé par le C. *Tronchet*.

Le C. BERLIER propose de décider par un article additionnel, que, dans le cas où le contumax qui se représente est condamné, la mort civile qu'il encourt, date de l'exécution du premier jugement.

Le C. TRONCHET dit que tous les tribunaux se sont élevés contre cette disposition.

Il est de principe que le premier jugement est anéanti dans toutes ses parties, lorsque le contumax se représente : sa condamnation ne résulte donc plus que du second jugement; ainsi c'est de l'exécution de ce dernier jugement que doit dater la mort civile.

On passe à la discussion de l'article XXVIII; il est ainsi conçu : « Tous les actes d'aliénation qui sont » faits par l'accusé d'un délit auquel la loi attache une » peine emportant mort civile, sont réputés frauduleux, » dans le cas où il est condamné à cette peine. »

Le C. TRONCHET propose d'ajouter à cet article : « Il en est de même des actes faits par le contumax, dans » le cas de l'article précédent. »

Le C. PORTALIS dit que les actes dont il s'agit sont annullés, non parce qu'on regarde leur auteur comme incapable, mais parce qu'on les suspecte de fraude. Ces actes jusqu'ici n'ont pas été proscrits indistinctement et par une présomption générale de fraude ; on les a toujours anéantis individuellement, et seulement lorsque les circonstances les accusaient de fraude et qu'ils blessaient les droits de tiers. Une disposition générale contre ces actes ferait peser sur l'accusé une incapacité qui ne doit pas lui être imprimée, et le priverait, lui et sa famille, des moyens d'arranger leurs affaires.

Le C. TRONCHET dit que l'objet de l'article est de prévenir, par une disposition générale, les procès multipliés que produirait la faculté d'attaquer chaque acte en particulier. Cette disposition, au surplus, ne blesserait aucun intérêt : les créanciers de l'accusé demeurant dans leurs droits, s'ils peuvent prouver qu'ils le sont devenus pendant le cours de la procédure par une cause juste et nécessaire, les acquéreurs ne peuvent se prétendre de bonne-foi, puisque la loi les avertissait que la vente qu'on leur ferait serait nulle.

Le CONSUL CAMBACÉRÉS dit que la disposition est néanmoins trop sévère ; qu'elle paralyserait souvent des transactions légitimes et indispensables.

Le C. PORTALIS ajoute qu'il serait étonnant qu'on laissât à l'accusé la puissance paternelle, les droits du mariage, tous ses droits enfin, à l'exception de celui que réclame le plus fortement l'intérêt de sa famille.

Il faut sans doute que la loi s'applique à prévenir les procès et à uniformiser la jurisprudence des tribunaux ; mais c'est par rapport au droit, qui concerne toujours l'intérêt général, et non par rapport aux faits, qui ne concernent jamais que les intérêts individuels. S'agit-il du droit ; l'individu n'est rien, la société est tout : s'agit-il de faits ; chaque individu est la société toute entière.

L'article est supprimé.

Le C. BOULAY propose de déclarer par un article nouveau, que les actes faits par un mort civilement, entre sa condamnation et sa mort naturelle, sont nuls.

Le C. THIBAUDEAU dit que ce serait violer le principe qui absout le contumax s'il meurt dans les cinq ans ; que, dans cette hypothèse, on ne peut donner aucun effet à une condamnation entièrement anéantie.

Le C. LACUÉE dit que cette doctrine est trop indulgente ; qu'elle donnerait au condamné la facilité de vendre ses biens et de se retirer de France.

Le PREMIER CONSUL dit qu'il ne peut pas y avoir de question, puisque le mort civilement n'a pas la capacité de faire des actes civils.

Le C. RÉAL répond qu'il n'en est empêché, dans l'état actuel de la législation, que par le séquestre apposé sur ses biens ; mais qu'il le pourra d'après le système que le Conseil a adopté.

Il ne faut pas croire, au surplus, que personne ne traitera avec lui à cause de sa condamnation : un contumax peut aller contracter dans des lieux où l'on ignore qu'il est condamné.

Le C. TRONCHET dit qu'il est impossible, dans le système adopté par le Conseil, qu'un condamné soustraie ses biens à ses héritiers par des aliénations frauduleuses, à moins qu'il ne les vende immédiatement après sa condamnation ; car les héritiers étant saisis aussitôt, et se faisant inscrire, on ne peut plus leur enlever leur propriété. Une loi est donc inutile, puisqu'il y a une impossibilité de fait.

Au surplus, la question ne peut s'élever que par rapport au contumax qui meurt dans les cinq ans. Pourquoi déroger au principe qu'il meurt *integri statûs*, en faveur d'héritiers éventuels, et qui ne seront peut-être pas les mêmes à l'expiration de la cinquième année qu'au moment de la condamnation !

Le CONSUL CAMBACÉRÈS dit que, si l'on veut adopter la proposition du C. *Boulay,* il faut supprimer le délai de grâce pour le contumax qui meurt dans les cinq ans, et prononcer qu'il meurt sous le poids de sa condamnation.

Le C. BOULAY dit que le principe qu'il meurt *integri statûs*, n'a été introduit qu'en haine du fisc, et que ce motif n'existe plus.

Le C. RÉAL dit que, puisque l'individu condamné contradictoirement meurt *integri statûs* lorsqu'il meurt avant l'exécution de son jugement, la justice ne permet pas de refuser le même avantage au contumax qui meurt avant l'expiration du délai que lui donnait la loi pour se justifier.

La proposition du C. *Boulay* est mise aux voix, et rejetée.

L'article XXIX est soumis à la discussion ; il est ainsi conçu :

« Dans aucun cas, la prescription de la peine ne » réintégrera point le condamné dans ses droits civils, » même pour l'avenir. »

Le C. MALEVILLE dit que cet article est pris de *Richer*, lequel appuie son opinion d'un arrêt rendu par le parlement de Paris en 1738, et de deux arrêts du parlement de Toulouse qui consacrent l'opinion contraire à la sienne : la jurisprudence du parlement de Bordeaux était conforme sur ce point à celle du parlement de Toulouse.

Mais la raison proscrit aussi l'opinion de *Richer*. La mort civile n'est que l'effet d'une peine : comment maintenir l'effet, quand l'abolition de la peine fait cesser la cause ? L'intérêt politique veut aussi qu'on diminue, autant qu'il est possible, le nombre des vagabonds : or ce serait l'augmenter, que de livrer à un vagabondage perpétuel les condamnés qui ont prescrit leur peine.

Richer objecte qu'on ne prescrit contre un jugement que dans la partie qui n'a pas encore reçu son exécution. Mais la mort civile n'étant qu'un accessoire de la peine, elle ne peut pas plus subsister après que la peine est anéantie par la prescription, que des intérêts ne peuvent être dus lorsque la dette principale est prescrite.

Enfin, quand les deux opinions seraient problématiques, il serait contre l'humanité de préférer la plus rigoureuse.

Le C. BERLIER dit que la disposition de l'article doit être considérée comme une peine imposée à la contumace, et qu'il est même des hypothèses pour lesquelles elle devient nécessaire. Par exemple, la déportation est une peine perpétuelle; cependant, sans la disposition qu'on discute, elle serait entièrement éludée par le condamné qui serait assez heureux pour s'y soustraire pendant vingt ans.

Le C. DEFERMON demande si l'article XXVI empêcherait les tribunaux d'admettre à se justifier, le condamné qui se présenterait après avoir prescrit la peine.

Le C. TRONCHET dit que toutes les lois, et même

celle du 3 brumaire, décident qu'on ne peut refuser de l'entendre. Ce serait une injustice que de repousser un homme qui veut se justifier, ne fût-ce que pour sauver son honneur ; et s'il parvient à prouver son innocence, il serait atroce de ne lui pas rendre ses droits civils. Mais cette faveur n'est pas due au condamné qui se cache pendant vingt ans. La prescription lui mérite sa grâce ; mais elle ne le justifie pas par la force d'un droit acquis. L'intérêt de la société ne permet pas d'adopter une doctrine qui n'imposerait aux grands coupables d'autre peine que l'embarras de se tenir cachés.

L'article est adopté.

L'article XXX est soumis à la discussion ; il est ainsi conçu :

« Les biens que le condamné à une peine emportant » mort civile pourra avoir acquis depuis l'exécution » du jugement, appartiendront à la nation par droit de » déshérence.

» Néanmoins le Gouvernement en pourra faire, au » profit de la veuve, des enfans ou parens du condamné, » telle disposition que l'humanité lui suggérera. »

Le C. TRONCHET dit qu'il a cru nécessaire de limiter la faculté que l'article donne au Gouvernement, afin de ne pas rétablir l'usage des dons de confiscation.

Le C. RÉAL propose de faire, à la première disposition de l'article, une exception pour les biens qu'un déporté pourrait avoir acquis en France.

L'article et l'amendement sont adoptés.

La Séance est levée.

À PARIS, DE L'IMPRIMERIE DE LA RÉPUBLIQUE.
4 Brumaire an X.

www.ingramcontent.com/pod-product-compliance
Ingram Content Group UK Ltd.
Pitfield, Milton Keynes, MK11 3LW, UK
UKHW021034260726
13994UKWH00005B/2149

9 782329 411811